Impressum
Verlag: BABADADA GmbH, Nedderfeld 112 , 22529 Hamburg
Geschäftsführer / Verlagsleitung: Harald Hof
Druck: Books on Demand GmbH, In de Tarpen 42, 22848 Norderstedt

Imprint
Publisher: BABADADA GmbH, Nedderfeld 112 , 22529 Hamburg, Germany
Managing Director / Publishing direction: Harald Hof
Print: Books on Demand GmbH, In de Tarpen 42, 22848 Norderstedt, Germany

escuela

ቤት-ትምህርቲ

aula
ክፍሊ ክላስ
dividir
መቀለ
186/2
mesa
ሰሌዳ
docente
መምህር
patio de escuela
papel
ወረቐት
escribir
ጸሓፈ
bolígrafo
መጽሓፊ
escritorio
ጣውላ ምጽሓፍ
regla
መስመር
libro
መጽሓፍ
alumno
ተመሃራይ

mochila escolar

ሳንጣ ትምህርቲ

caja de lápices

ሰፈር ብርዒ

lápiz

ርሳስ

sacapuntas

መብልሒ ርሳስ

goma de borrar

መደምሰሲ

bloc de dibujo

ጥራዝ ስእሊ

dibujo

ስእሊ

pincel

ብርዒ ቀለም

caja de pinturas

ቦክስ ቀለም

tijera

መቐስ

pegamento

መጣበቒ

libro de ejercicios

ጥራዝ መላመዲ

tarea

ዕዮ ገዛ

número

ቁጽሪ

sumar

ወሰኸ

restar

ጎደለ

multiplicar

ረብሐ

calcular

ደመረ

A

letra

ፊደል

ABCDEFG
HIJKLMN
OPQRSTU
VWXYZ

alfabeto

ስርዓት ፊደላት

palabra

ቃል

texto

ጽሑፍ

leer

ኣንበበ

tiza

ኩርሽ

lección

ሰዓት

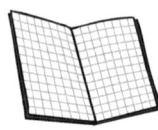

libro de clase

መዝገብ ክላስ

examen

መርመራ

certificado

ሰርቲፊከት

uniforme escolar

ድቢዛ ቤትትምህርቲ

educación

ትምህርቲ

enciclopedia

ለክሲኮን

universidad

ዩኒቨርሲቲ

microscopio

ሚክሮስኮፕ

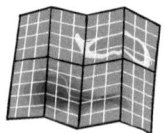

mapa

ካርታ

cesto de papeles

ጎሓፍ ወረቐት

hotel
albergue
ሆስተል
casa de cambio
ቦታ ቅያር ገንዘብ
maleta
ባሊጃ
auto
መኪና

idioma

ቋንቋ

sí / no

እወ / ኖ

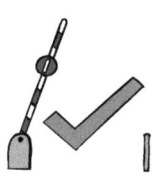

ok

ሕራይ

hola

ሰላም

intérprete

ኣስተርጓሚ

gracias

የቐንየለይ

¿Cuánto cuesta...?

. . . ክንደይ ዋግኡ?

No entiendo

ኣይተረድኣኹን

problema

ሽግር

¡Buenas tardes!

ሰላም ምሸት!

¡Buenos días!

ከመይ ሓዲርካ

¡Buenas noches!

ሰላም ለይቲ

adiós

ደሓን ኩን

dirección

ኣንፈት

equipaje

ጉዓዝ

bolso

ሳንጣ

mochila

ሳንጣ ሕቖ

invitado

ጋሻ

cuarto

ክፍሊ

saco de dormir

ክሻ መደቐሲ

tienda de campaña

ቴንዳ

información al turista

ሓበሬታ በጻሕቲ ሃገር

playa

ገምገም ባሕሪ

tarjeta de crédito

ክረዲት ካርድ

desayuno

ቁርሲ

almuerzo

ምሳሕ

cena

ድራር

pasaje

ቲከት

ascensor

ሊፍት

sello

ማሕተም ደብዳበ

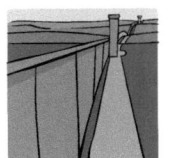

límite

ዶብ

aduana

ድጓና

embajada

ኣምበሲ

visa

ቪዛ

pasaporte

ፓስፖርት

transporte

መጓዓዝያ

avión
ነፋሪት
barco
መርከብ
coche de bomberos
መኪና መጥፋኢ ሓዊ
bus
camión
ናይ ጽዕነት መኪና
lancha a motor
ጃልባ ሞቶር
bicicleta
ብሽግለታ
auto
መኪና

balsa

ፈሪ

lancha

ጃልባ

motocicleta

ሞቶ

auto de policía

መኪና ፖሊስ

auto de carreras

መኪና ቅድድም

auto de alquiler

ክራይ መኪና

alquiler de autos

....

ምውፋይ መካይን

grúa

....

መወሰዲ መኪና

vehículo recolector de basura

....

መኪና ጎሓፍ

motor

....

ሞቶር

gasolina

....

ነዳዲ

gasolinera

....

እንዳ ነዳዲ

señal de tráfico

....

ምልክት ትራፊክ

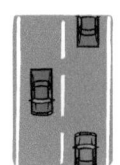

tránsito

....

ትራፊክ

atasco

....

ምጭኽጫኽ ትራፊክ

estacionamiento

....

መዐሸጊ መኪና

estación de tren

....

መዕረፊ ባቡር

carril

....

ሓዲግ

tren

....

ባቡር

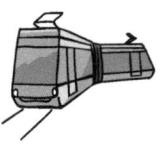

tranvía

....

ትረም

vagón

....

ባጎኒ

helicóptero

ሄሊኮፕተር

aeropuerto

መዓረፊ ነፈርቲ

torre

ታወር

pasajero

ተጐዓዚ

contenedor

ኮንተይነር

caja de cartón

ሳንዱቕ ካርቶን

carro

ኮርሳ ጽዕነት

cesta

ዘንቢል

despegar / aterrizar

ተበገሰ / ዓለበ

ciudad

ከተማ

aldea

ቁሸት

centro de la ciudad

ማእከል ከተማ

casa

ገዛ

cine
ሲነማ

publicidad
ረክላም

farol
መብራሃቲ ጎደና

calle
ጽርግያ

taxi
ታክሲ

kiosco
ባንኮ

peatón
እግረኛ

acera
መንገዲ እግሪ

cruce
መራኸቢ

paso de cebra
ምልክት ዘብራ

cubo de la basura
ሰፈር ጎሓፍ

semáforo
ሴማፎሮ

cabaña
ኣጉዶ

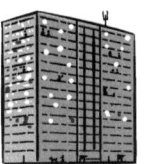

apartamento
ኣፓርትመንት

estación de tren
መዕረፊ ባቡር

ayuntamiento
ቤት ምምሕዳር

museo
ቤተ መዘክር

escuela
ቤት-ትምህርቲ

ciudad - ከተማ

universidad

ዩኒቨርሲቲ

banco

ባንክ

hospital

ሆስፒታል

hotel

መቐበሊ ኣጋይሽ

farmacia

ቤት መድሃኒት

oficina

ቤት ጽሕፈት

librería

ዱኳን መጽሓፍቲ

negocio

ዱኳን

florería

ዱኳን ዕንባባ

supermercado

ሱፐርማርክት

mercado

ዕዳጋ

grandes almacenes

ሹቕ

pescadería

ነጋዳይ ዓሳ

centro comercial

ሹቕ

puerto

መርሳ

parque

መዘናግዒ

banco

ባንኪ

puente

ድልድል

escalera

መደያይቦ

metro

ባቡር ትሕቲ ምድሪ

túnel

ቢንቶ

parada de autobuses

መዕረፊ ኣውቶቡስ

bar

ቤት መስተ

restaurante

ቤት-መግቢ

buzón de correo

ሰታሪት

letrero

ታቤላ

parquímetro

ሰዓት ፓርኪንግ

zoológico

መካነ እንስሳታት

piscina

መሓምበሲ

mezquita

መስጊድ

granja

ቤት ሕርሻ

polución

ብከላ

cementerio

መቓብር

iglesia

ቤተክርስትያን

parque infantil

ቦታ ምጽዋት

templo

ቤት መቐደስ

paisaje

ስእሊ መሬት

hoja
ኣቝጽልቲ

indicador de camino
መሕበሪ መገዲ

sendero
መገዲ

pradera
ሼኻ

piedra
እምኒ

caminante
ኮብላሊ

árbol
ኣግራብ

río
ፈለግ

pasto
ስዓሪ

flor
ዕንባባ

valle

ስንጭሮ

montaña

ጎቦ

lago

ቀላይ

bosque

ዱር

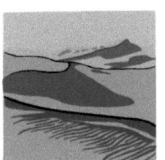

desierto

ምድረ በዳ

volcán

እሳተ-ጎመራ

castillo

ግምቢ

arco iris

ቀስተ-ደመና

seta

ቃንጥሻ

palmera

ዓርኮብኮባይ

mosquito

ጣንጡ

mosca

ሃመማ

hormiga

ጻጸ

abeja

ንህቢ

araña

ሳሬት

escarabajo

ሕንዚዝ

rana

ዕንቅርዖብ

ardilla

ምጽጹላይ

erizo

ቅንፍዝ

liebre

ማንቲለ

lechuza

ጉንጓ

pájaro

ጭሩ

cisne

ስዋን

jabalí

መፍለስ

ciervo

ዓጋዘን

alce

ሙስ

embalse

ግድብ

aerogenerador

ተርባይን ንፋስ

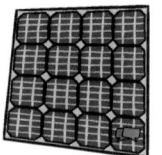

módulo solar

ሶላር ስርሓት

clima

ኩነታት ኣየር

restaurante

ቤት-መግቢ

camarero
አሰላፊ
carta del menú
ካርታ መግብታት
silla
መንበር
sopa
pizza
ፒትሳ
cubiertos
መመታተሪ
mantel
ክዳን ጣውላ

entrada

ቅድመ ቀንዲ መግቢ

plato principal

ቀንዲ መኣዲ

postre

ድሕረ መግቢ

bebida

መስተ

comida

መግቢ

botella

ጥርሙዝ

comida rápida

ስሉጥ መግቢ

comida callejera

መግቢ ጽርግያ

tetera

ብርጭቆ ሻሂ

azucarera

ታኒካ ሽኮር

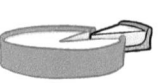

porción

ክፋል

máquina de espresso

ማሺን ኤስፕረሶ

silla alta

ነዊሕ መንበር

factura

ጸብጻብ

bandeja

ታብለት

cuchillo

ካራ

tenedor

ፋርኪታ

cuchara

ማንካ

cuchara de té

ማንካ ሻሂ

servilleta

ሰርቭየተ

vaso

ብኬሪ

plato

ሸሓኒ

plato de sopa

ሸሓኒ መረቕ

platillo

ትሕቲ ኩባያ

salsa

ጸብሒ

salero

ወሃቢ ጨው

molinillo para pimienta

መጥሓን በርበረ

vinagre

ኣቸቶ

aceite

ዘይቲ

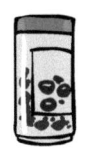

especias

ቀመም

ketchup

ከቹፕ

mostaza

ኣድሪ

mayonesa

ማዩኒዝ

supermercado

ሱፐርማርክት

oferta
ወፈያ
FOR
cliente
ዓሚል
productos lácteos
ፍርያታት ጸባ
fruta
ፍረታት
carrito de compras
ሰረገላ ዱኳን

carnicería

እንዳ ስጋ

panadería

እንዳ ባኒ

pesar

ክብደት

verdura

ኣሕምልቲ

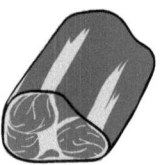

carne

ስጋ

alimentos congelados

መግቢ ፍሪጅ በረድ

fiambre

ዝሑል ቅሩብ መግቢ

conservas

እስቃጥላ

detergente en polvo

ኦሞ

dulces

ምቁር መግቢ

artículos domésticos

ዘቤታውያን ኣቕሑ

productos de limpieza

ናውቲ መጽረዪ

vendedora

ሸቓጣይ

caja

ካሳ

cajero

ተሓዝ ገንዘብ

lista de compras

ዝርዝር ምግዛእ

horario de atención

ክፉት ሰዓታት

cartera

ማሕፉዳ

tarjeta de crédito

ክረዲት ካርድ

maleta

ሳንጣ

bolsa plástica

ፌስታል

bebida

መስተ

agua

ማይ

jugo

ጽማቝ

leche

ጸባ

refresco de cola

ኮላ

vino

ነቢት

cerveza

ቢራ

alcohol

ኣልኮል

cacao

ካካው

té

ሻሂ

café

ቡን

espresso

ኤስፕረሶ

cappuccino

ካፑቺኖ

banana

ባናና

manzana

ቱፋሕ

naranja

ኣራንሺ

sandía

ብርጭቕ

limón

ለሚን

zanahoria

ካሮት

ajo

ጻዕዳ ሽጉርቲ

bambú

ባምቡስ

cebolla

ሽጉርቲ

seta

ቅንጥሻ

nueces

ፉል

fideos

ፓስታ

espagueti

ስፓገቲ

arroz

ሩዝ

ensalada

ሰላጣ

patatas fritas

ቅልዋ ድንሽ

patatas salteadas

ቅሉው ድንሽ

pizza

ፒትሳ

hamburguesa

ሃምቡርገር

sándwich

ፓኒኖ

escalope

ቢስተካ

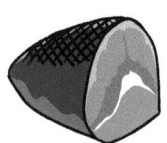

jamón

ሰለፍ ሓሰማ

salame

ሳላሚ

embutido

ግዕዝም

pollo

ደርሆ

asado

ቀለወ

pescado

ዓሳ

copos de avena

ገዓት

musli

ሙስሊ

copos de maíz tostado

ኮርንፍለይክስ

harina

ሓርጭ

croissant

ክሮሶን

panecillo

ባኒ

pan

ባኒ

tostada

ቶስት

galletas

ብሽኮቲ

mantequilla

ጠስሚ

cuajada

ርጉኦ

pastel

ፓስተ

huevo

እንቋቍሖ

huevo frito

ቅሉው እንቋቍሖ

queso

ፋርማጆ

helado

አይስ ክሪም

azúcar

ሽኮር

miel

መዓር

mermelada

ጀም

praliné

ኑጋት-ክረም

curry

ኩሪ

granja

ቤት ሕርሻ

paca de paja
ሓሰር ቦንዳ
pajar
መኽዘን
campo
ግራት
caballo
ፈረስ
remolque
ተስሓቢ
tractor
ትራክተር
potro
ዒሉ
asno
oveja
በጊዕ
cordero
ዕየት

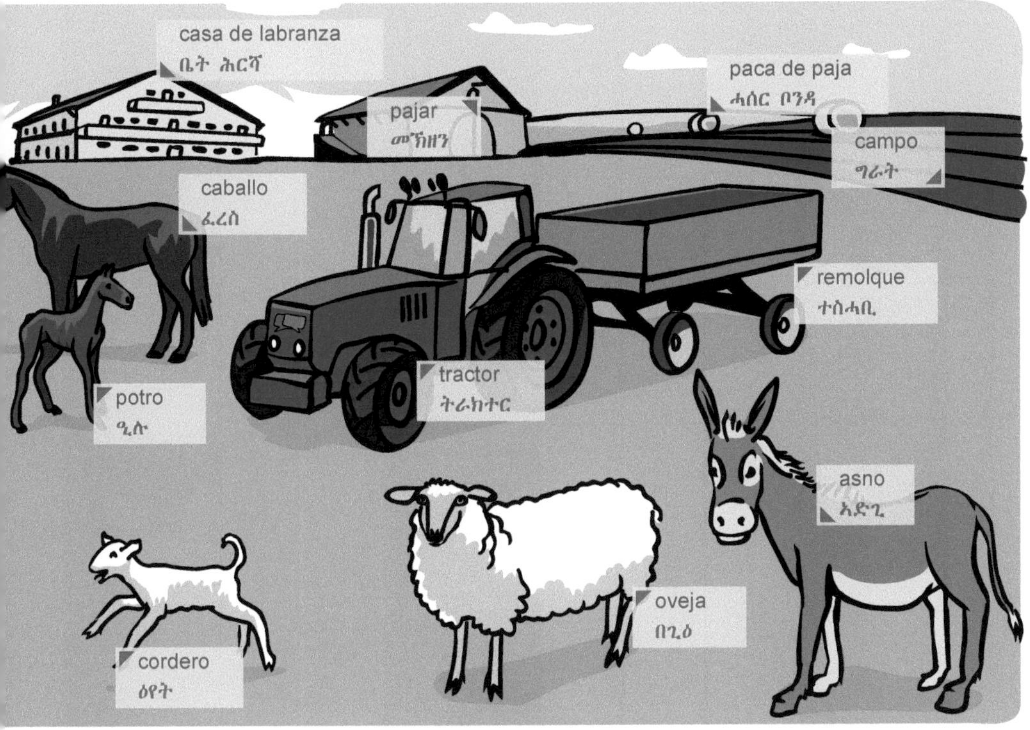

cabra

ጤል

vaca

ብዕራይ

ternero

ምራኽ

cerdo

ሓሰማ

lechón

ውላድ ሓሰማ

toro

ኣርሓ

ganso

ዓዓ

pato

ማይ ደርሆ

polluelo

ጫቑት

pollo

ደርሆ

gallo

ኣርሓ ደርሆ

rata

ኣንጨዋ ዓባይ

gato

ድሙ

ratón

ኣንጭዋ

buey

ብዕራይ

perro

ከልቢ

caseta del perro

ኣጕዶ ከልቢ

manguera de riego

ቱባ ጀርዲን

regadera

መዝፈፊ ማይ

guadaña

ዓቢ ማዕጺድ

arado

ማሕረሻ

hoz

ማዕጺድ

azada

ጭኽሮ

bieldo

መስአ

hacha

ፋስ

carretilla

ዓረብያ ኢድ

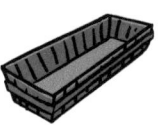

abrevadero

ጋብላ

lechera

ብርጭቆ ጸባ

saco

ክሻ

cerca

ሓጹር

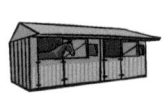

establo

መንሰስ

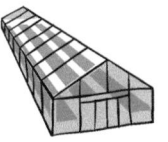

invernadero

ቐጠልያ ገዛ

suelo

ባይታ

semilla

ዘርኢ

fertilizante

ድኹዒ

cosechadora

ዘጣምር ቀውዓይ

cosechar

ቀውዐ

cosecha

ጻማ

raíz de ñame

ድንሽ ያም

trigo

ስርናይ

soja

ሶያ

patata

ድንሽ

maíz

ዕፉን

colza

ራፕስ

Árbol frutal

ገረብ ፍረታት

mandioca

ማኒኦክ

cereales

ኣእኻል

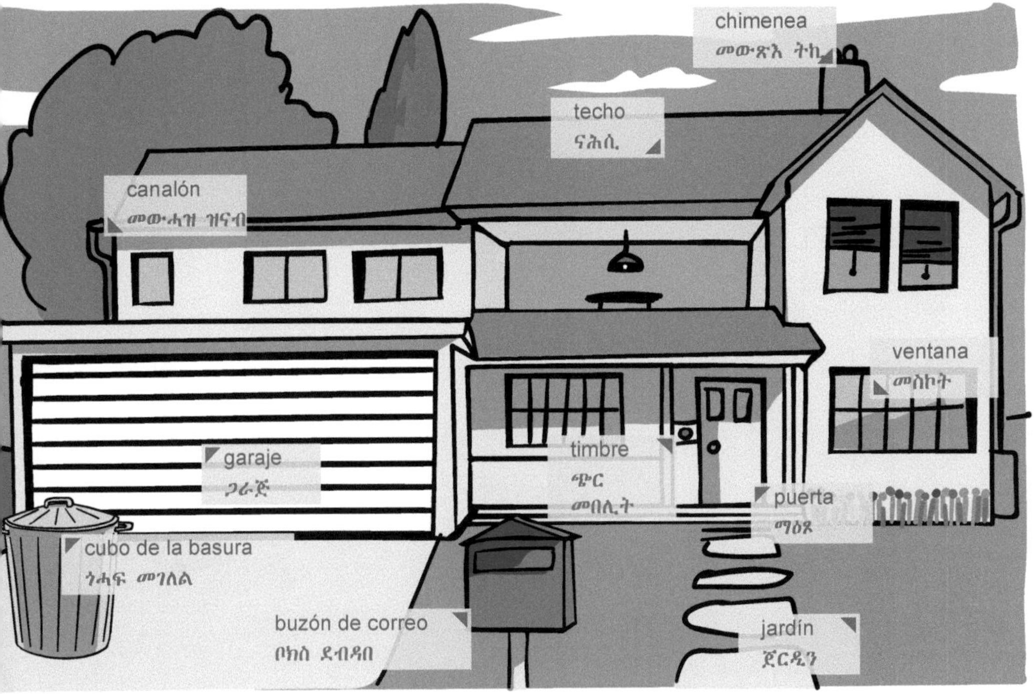

chimenea
መውጽእ ትኪ

techo
ናሕሲ

canalón
መውሓዝ ዝናብ

ventana
መስኮት

garaje
ጋራጅ

timbre
ጮር መበሊት

puerta
ማዕጾ

cubo de la basura
ጎሓፍ መገለል

buzón de correo
ቦክስ ደብዳበ

jardín
ጀርዲን

cuarto de estar
ክፍሊ ምቕማጥ

cuarto de baño
ክፍሊ ባንዮ

cocina
ክሽነ

dormitorio
ክፍሊ መደቀሲ

cuarto de los niños
ክፍሊ ቆልዑ

comedor
መመገቢ ክፍሊ

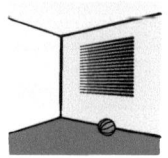

piso

ባይታ

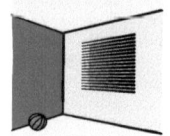

pared

መንደቕ

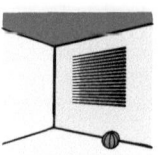

cielorraso

ከቦርታ

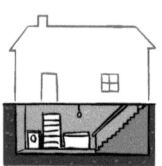

sótano

ካንቲና

sauna

ሳውና

balcón

ባልኮን

terraza

ዛላ

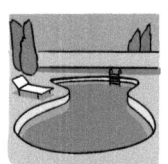

piscina

መሕምበሲ

cortacésped

መቑረጺ ሳዕሪ

funda nórdica

ኣንሶላ ዓራት

edredón

ከቦርታ ዓራት

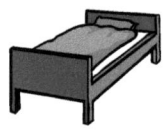

cama

ዓራት

escoba

መኹስተር

cubo

መገለል

interruptor

መወልዒት

cuarto de estar

ክፍሊ ምቕማጥ

papel para empapelar
ወረቐት መንደቕ
imagen
ስእሊ
lámpara
ላምፓ
estante
ከብሒ
gabinete
ከብሒ
televisor
ተለቪዥን
hogar
መውጽኢ ትኪ ኣብ ገዛ
flor
ዕንባባ
cojín
መተርኣስ
sofá
ሳሎን
florero
control remoto
ሪሞት

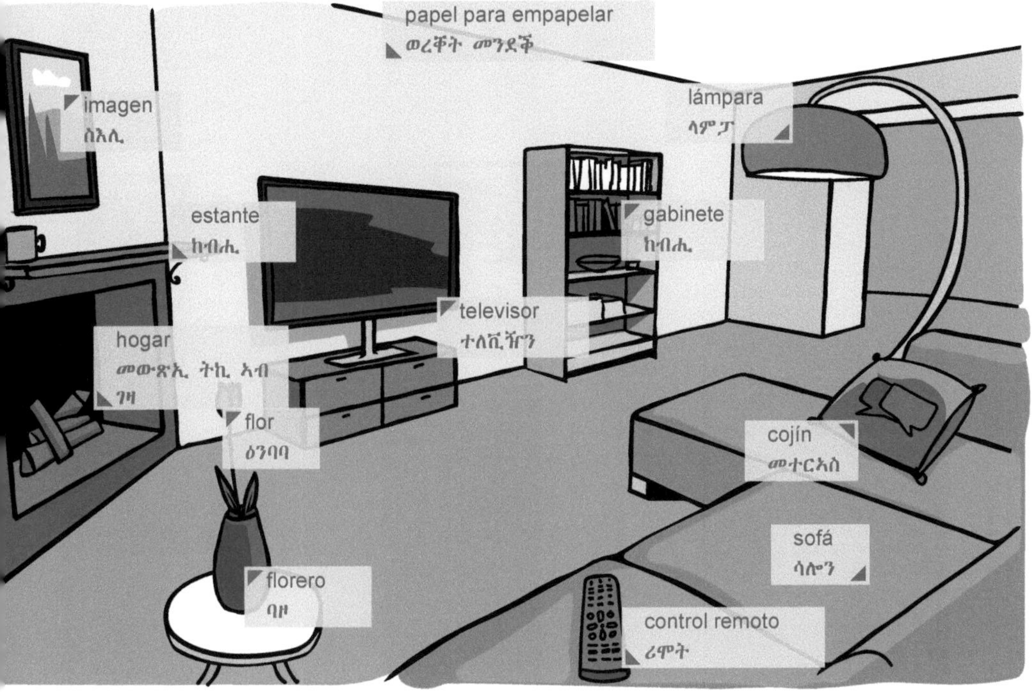

alfombra

....

መንጸፍ

cortina

....

መጋረጃ

mesa

....

ጣውላ

silla

....

መንበር

mecedora

....

ሰለል ዝብል መንበር

sillón

....

መንበር ምቹእ

libro

መጽሓፍ

frazada

ከቦርታ

decoración

ስልማት

leña

እንጨይቲ ሓዊ

film

ፊልም

equipo estereofónico

ስተረዮ

llave

መፍትሕ

periódico

ጋዜጣ

cuadro

ቕብኣ

póster

ፖስተር

radio

ረድዮ

bloc de notas

ጥራዝ

aspiradora

መልገሲ ደሮና

cactus

በለስ

vela

ሽምዓ

cocina
ክሽነ

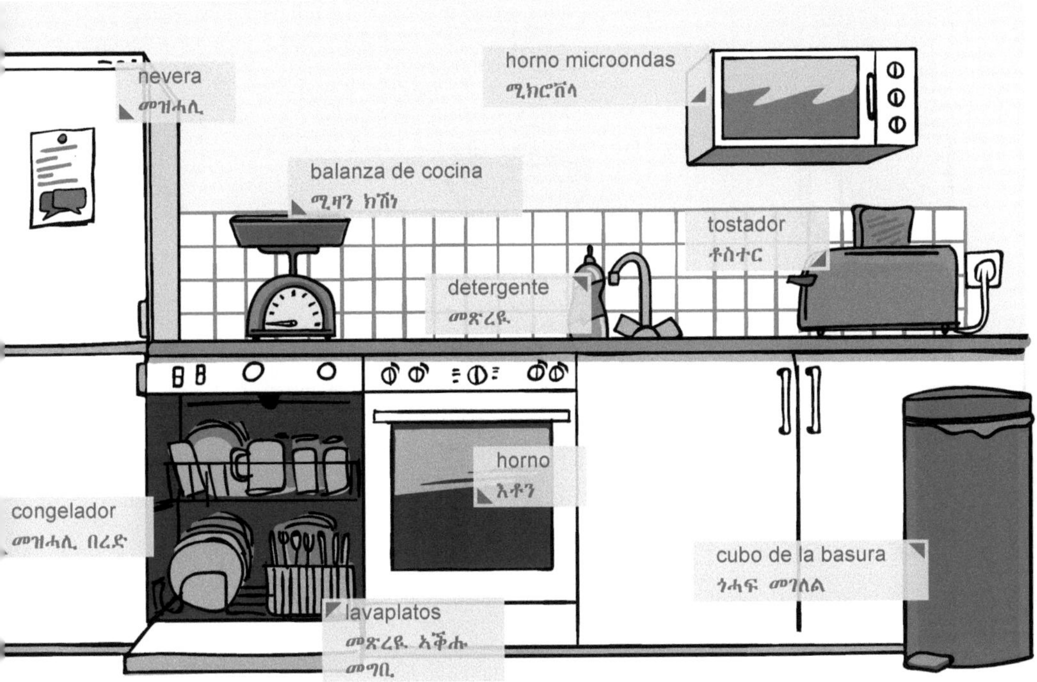

nevera
መዝሓሊ
horno microondas
ሚክሮቨላ
balanza de cocina
ሚዛን ክሽነ
tostador
ቶስተር
detergente
መጽረዪ
horno
እቶን
congelador
መዝሓሊ በረድ
cubo de la basura
ጎሓፍ መገለል
lavaplatos
መጽረዪ ኣቕሑ
መግቢ

cocina

መኸሸኒ

olla

ድስቲ

olla de fundición de hierro

ድስቲ ሓጺን

wok / kadai

ቮክ/ካዳይ

sartén

ባደላ

hervidor de agua

መውዓዪ ማይ

olla de vapor

መፍልሒ

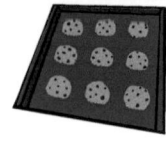

bandeja de horno

ጓንቴራ ምስንካት

vajilla

ኣቕሑ መግቢ

vaso

ብርጭቆ

bol

ጭሖሎ

palillos para comer

ማንካቺና

cucharón de sopa

ማንካ መረቕ

espátula

መገልበጢ ባደላ

batidor

መኾስተር ውርጪ

colador

መንፊት መግቢ

cedazo

መንፊት

rallador

መፋሕፍሒ

mortero

ሞርታር

parrillada

ባርቢክዩ

fogata

ስፍራ ሓዊ

tabla de picar

እንጨይቲ ምምታር

rodillo

እንጨይቲ ኰረር

sacacorchos

መኽፈት ቡሽ

lata

ታኒካ

abrelatas

መኽፈቲ ታኒካ

agarrador

ጨርቂ ድስቲ

fregadero

ቡምባ

cepillo

ኣስባስላ

esponja

ሰፍነግ

batidora

ሓዋሲ ኣደባላቒ

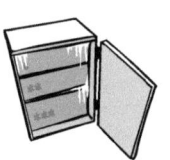

arcón congelador

መዝሓሊ በረድ

biberón

ጥርሙዝ ማማይ

grifo

ቡምባ ማይ

cuarto de baño

ክፍሊ ባንዮ

calefacción
መውዓዪ
ducha
መሕጸቢ ሻወር
toalla
ሽጎማኖ
cortina para ducha
ሻወር መጋረጃ
baño de espuma
መሕጸቢ ዓፍራ
bañera
vaso
lavadora
grifo
ቡምባ ማይ
baldosa
ማቶነላ
orinal
ድስቲ
fregadero
ቡምባ

cuarto de baño

ሽቓቕ

placa turca

ሽቓቕ ኮፍ

bidé

በዴ

urinario

ሽቓቕ ተባዕታይ

papel higiénico

ወረቐት ሽቓቕ

escobilla para el cuarto de baño

ኣስባስላ ሽቓቕ

cepillo de dientes

አስባስላ ስኒ

pasta dentífrica

ክረማ ስኒ

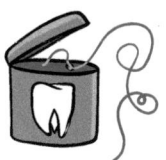

seda dental

ሃሪ ስኒ

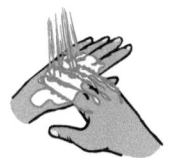

lavar

ሓጸበ

ducha teléfono

ዱሽ ኢድ

ducha higiénica

ዱሽ

cuenco

ብርጭቆ ምሕጻብ

cepillo para la espalda

አስባስላ ሕቖ

jabón

ሳምና

gel de ducha

ሻወር ጀል

champú

ሻምፑ

manopla para baño

ጨርቂ መሕጸቢ

desagüe

መውሓዚ

crema

ክረማ

desodorante

ደዮ ጨና

espejo

መስትያት

espejo de maquillaje

ናይ ኢ.ድ መስትያት

máquina de afeitar

መላጸ

espuma de afeitar

ዓፍራ ምልጻይ

loción para después del afeitado

ጨና ድሕሪ ምልጻይ

peine

መመሸጥ

cepillo

ኣስባስላ

secador para cabello

መንቐጺ ጸግሪ

laca de peinado

ስፕረይ ጸግሪ

maquillaje

መመላኽዒ

lápiz labial

ብርዒ ቀለም ከንፈር

laca para uñas

ኣዝማልቶ

algodón

ጸምሪ ጡጥ

tijera para uñas

መስደዲ ጽፍሪ

perfume

ጨና

neceser

....

ሳንጣ መሕጸቢ

taburete

....

ድኳ

balanza

....

ሚዛን

bata de baño

....

ክዳን መሕጸቢ

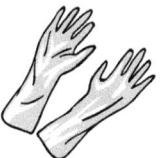

guantes de goma

....

ጓንቲ መጸረዪ

tampón

....

ታምፖን

compresa

....

ጨርቂ ሰበይቲ

wáter químico

....

ሽቓቕ ከሚስትሪ

cuarto de los niños
ክፍሊ ቆልዑ

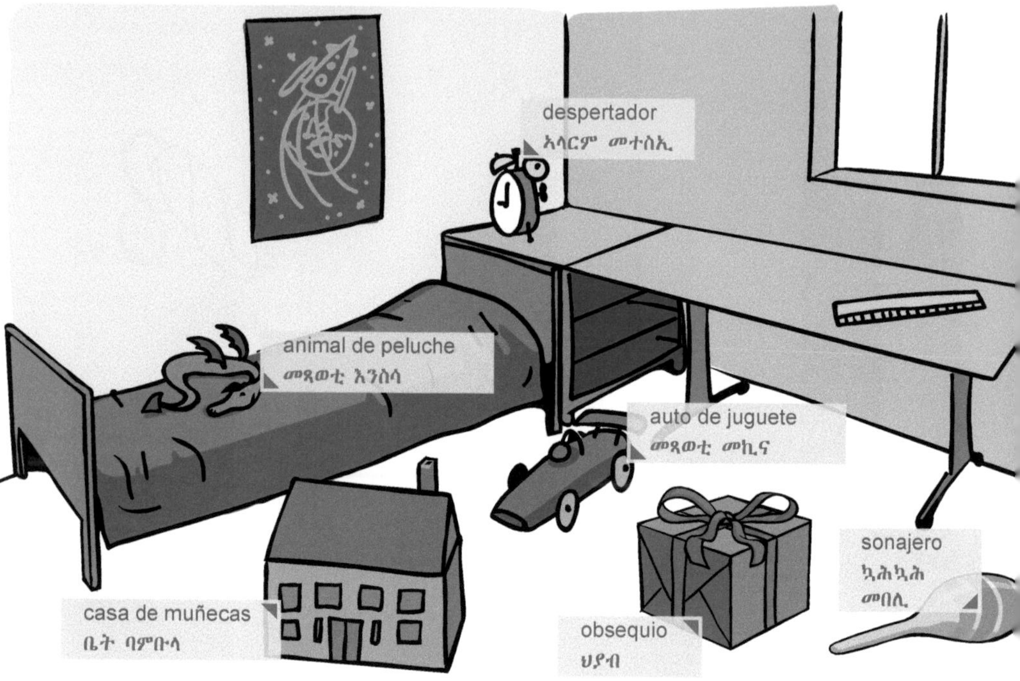

despertador
አላርም መተስኢ
animal de peluche
መጻወቲ እንስሳ
auto de juguete
መጻወቲ መኪና
sonajero
ኳሕኳሕ
መበሊ
casa de muñecas
ቤት ባምቡላ
obsequio
ህያብ

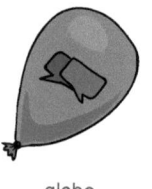

globo
ባላንችና

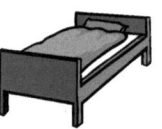

cama
ዓራት

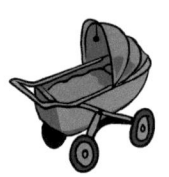

cochecito para niños
ሰረገላ ህጻን

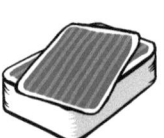

juego de barajas
ጸወታ ካርታ

rompecabezas
ሕንቅሊተይ

cómic
ኮሚዲ

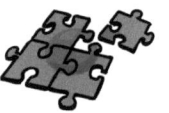

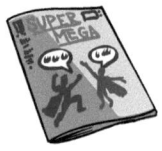

piezas de Lego

እምንታት መጻወቲ ለጎ

bloques para jugar

መጻወቲ እምንታት

figura de acción

በዓል ኣክቸን

pijama de una pieza

ክዳን ማማይ

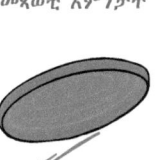

frisbee

ፍሪስቢ

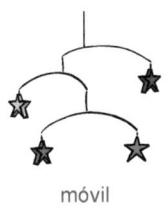

móvil

ሞባይል ማማይ

juego de mesa

ጸወታ ሰሌዳ

dado

ኩቦ

tren eléctrico a escala

ሞደል ባቡር ምድሪ

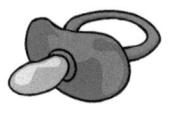

chupete

ዓባስ

fiesta

ፓርቲ

libro de dibujos

መጽሓፍ ስእሊ

pelota

ኩዕሶ

títere

ባምቡላ

jugar

ተጻወተ

arenero

መጻወቲ ሑጻ

columpio

ሰላል

juguetes

መጻወቲታት

consola de videojuego

ኮንሶል ቪድዮ

triciclo

መጻወቲ ሰለስተ መንኮርኮር

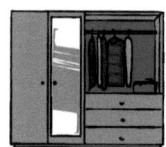

osito de peluche

ተዲ

guardarropa

ከብሒ ክዳን

vestimenta

ክዳን

calcetines

ካልስታት

medias

ነዊሕ ካልስታት

panti

ስረ ካልሲ.

chal
ሻርባ
paraguas
ጽላል
camiseta
ማልያ
cinturón
ቁልፊ
botas
zapatilla
ጫማ ገዛ
deportivas
ስኒከርስ

sandalias

ሸበጥ

zapatos

ጫማ

botas de goma

ረፋዕ ጎማ

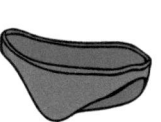

ropa interior

ሙታንታ

corpiño

ክዳን ጡብ

camiseta

ትሕተ ካሚቻ

vestimenta - ክዳን

body

ቦዲ

pantalón

ስረ

jeans

ጂንስ

falda

ቀምሽ

blusa

ካምቻ

camisa

ካሚቻ

pullover

ጉልፎ

sweater

ጎልፎ

blazer

ጃኬት

chaqueta

ጃከት

abrigo

ጁባ

impermeable

ክዳን ዝናብ

traje chaqueta

ኮስቱም

vestido

ቀምሽ

vestido de bodas

ቀምሽ መርዓ

traje

ልብሲ

camisón

ካሚቻ ለይቲ

pijama

ክዳን ለይቲ

sari

ሳሪ

pañuelo de cabeza

መሃረብ ርእሲ

turbante

ቱርባን

burka

ቡርካ

caftán

ካፍታን

abaya

ኣባያ

traje de baño

ክዳን መሕምበሲ

bañador

ስረ መሕምበሲ

shorts

ሓጺር ስረ

chándal

ክዳን ታዕሊም

delantal

በጃ ክዳን

guante

ጓንቲ

botón

መልጎም

gafa

መነጽር

brazalete

በንናጅር

cadena

ማዕተብ

anillo

ቀለበት

aro

ኩትሻ

gorra

ቆብዕ

percha

መንበሪ ጁባ

sombrero

ባርኔጣ

corbata

ካርራቫት

cierre a cremallera

ሻርነጣ

casco

ሀልመት

tiradores

መድልደል ስረ

uniforme escolar

ድቢዛ ቤትትምህርቲ

uniforme

ድቢዛ

babero

ሰደርያ ቆልዓ

chupete

ዓባስ

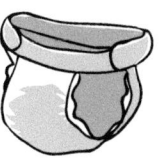

pañal

ጨርቂ ማማይ

oficina

ቤት ጽሕፈት

servidor
ሰርቨር
archivador
ከብሒ ሰነድ
papel
ወረቐት
impresora
ፕሪንተር
monitor
ሞኒቶር
ratón
escritorio
ጣውላ ምጽሓፍ
carpeta
teclado
ኪቦርድ
silla
መንበር
cesto de papeles
ጎሓፍ ወረቐት
ordenador
ኮምፒተር

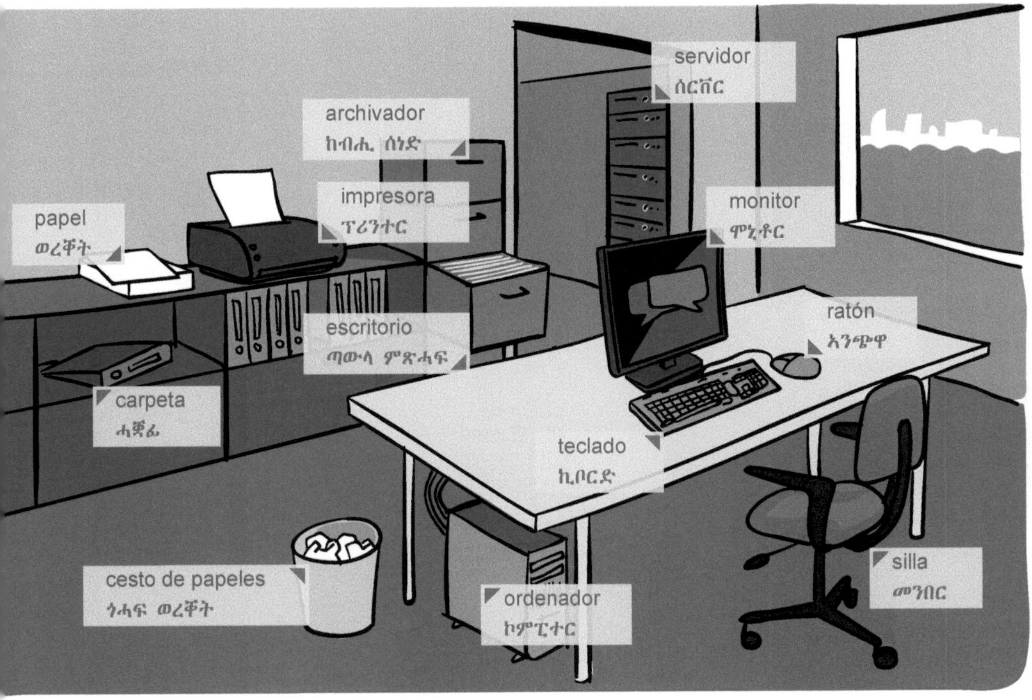

taza de café

ብርጭቆ ቡን

calculadora

ካልኩለተር

internet

ኢንተርነት

laptop

ለፕቶፕ

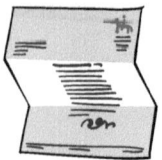

carta

ደብዳበ

mensaje

መልእኽቲ

teléfono móvil

ሞባይል

red

ነትወርክ/መርበብ

fotocopiadora

መቕድሒ ፎቶኮፒ

software

ሶፍትዌር

teléfono

ተለፎን

tomacorriente

ሶከት ኳረንቲ

máquina de fax

ፋክስ

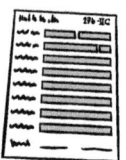

formulario

ፎርም

documento

ሰነድ

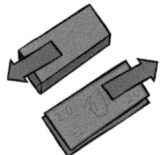

comprar

ገዝአ

pagar

ከፈለ

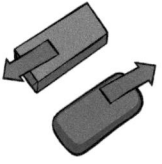

comerciar

ንግዲ

dinero

ገንዘብ

dólar

ዶላር

euro

ኦይሮ

yen

የን

rublo

ሩብል

franco

ስዊዝ ፍራንክን

renminbi

ረንሚንቢ ዩዋን

rupia

ሩፒየ

cajero automático

መውጽኢ ማሺን ገንዘብ

casa de cambio

ቦታ ቅያር ገንዘብ

oro

ወርቂ

plata

ብሩር

petróleo

ዘይቲ

energía

ሓይሊ

precio

ዋጋ

contrato

ውዕል

impuesto

ቀረጽ

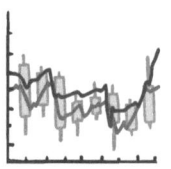

acción

እኩብ ጥረ-ነገራት

trabajar

ሰርሐ

empleado

ሰራሕተኛ

empleador

ኣሰራሒ

fábrica

ትካል

negocio

ዱኳን

ocupaciones

ሞያታት

policía
በዓል ፖሊስ
bombero
cocinero
médico
ሓኪም
piloto
መራሒ ነፋሪት

jardinero

ሰራሕተኛ ጀርዲን

carpintero

ጸራቢ ዕንጸይቲ

costurera

ሰፋይት

juez

ፈራዳይ

químico

ቀማሚ

actor

ተዋሳኢ

conductor de autobús

መራሒ ኣዉቶቡስ

taxista

ኣውቲስታ ታክሲ

pescador

ገፋፊ ዓሳ

mujer de la limpieza

ጸራጊት

techista

ሃናጻይ ናሕሲ

camarero

ኣሰላፊ

cazador

ሃዳናይ

pintor

ሰኣላይ

panadero

እንዳ ሕብስቲ

electricista

ኤለትሪከኛ

albañil

ሃናጺ ኣባይቲ

ingeniero

ሃንዳሲ

carnicero

ሰራሕተኛ እንዳ ስጋ

fontanero

ድራብሊኮ

cartero

ኣማላሲ ፖስጣ

soldado

ወተሃደር

arquitecto

መሃንድስ

cajero

ተሓዝ ገንዘብ

florista

ሰራሕተኛ ዕምባባ

peluquero

ቀም ቃማይ

cobrador

ፈተሪኖ

mecánico

መካኒክ

capitán

መራሒ መርከብ

odontólogo

ሓኪም ስኒ

científico

ተመራማሪ

rabino

ራቢ

imam

ኢማም

monje

ፈላሲ

párroco

ቀሺ

herramientas

ናውቲ

martillo
ሞደሻ
tenazas
ጉጤት
destornillador
llave de tuercas
መፋትሕ
lámpara de m
ላምፓዲና

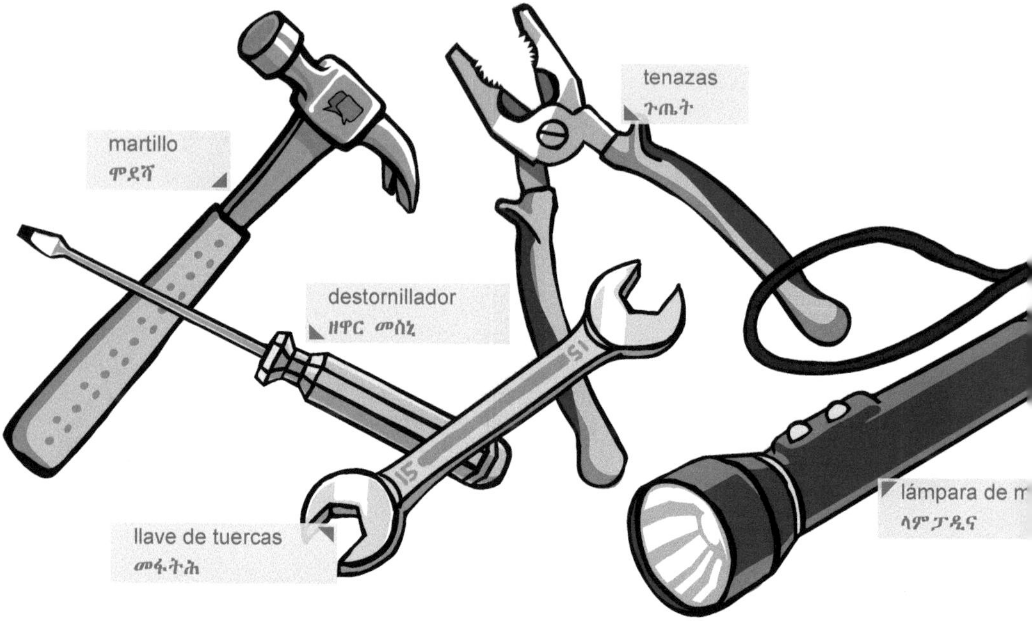

excavadora

ፊሓሪ

caja de herramientas

ናውቲ ቦክስ

escalerilla

መደያይቦ

serrucho

መጋዝ

clavos

መስማር

taladro

ኰዓቲ

reparar

ምዕራይ

pala

ባደላ

¡Maldición!

ኣይ!

recogedor

መትሓዚ ዶሮና

lata de pintura

ድስቲ ቀለም

tornillos

ካቻቢተ

instrumentos musicales

መሳርሒ ሙዚቃ

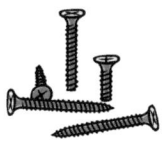

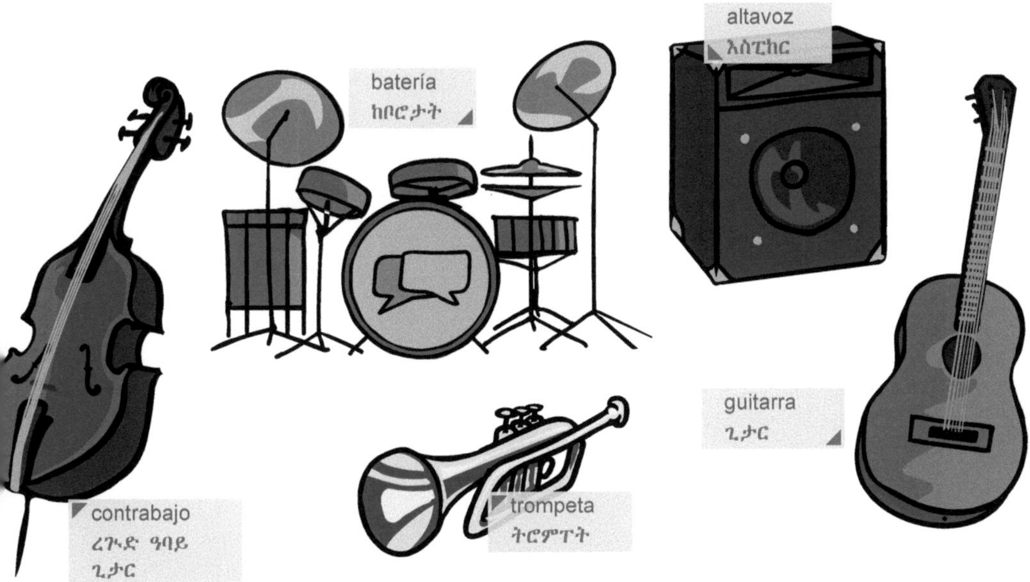

altavoz
እስፒከር
batería
ከበሮታት
guitarra
ጊታር
contrabajo
ረጒድ ዓባይ ጊታር
trompeta
ትሮምፐት

piano

ፒያኖ

violín

ቪዮሊን

bajo

ባስ ጊታር

timbales

ቲምንኢ

tambor

ከቦሮ

teclado

ኦርጋን

saxofón

ሳክሶፎን

flauta

ሻምብቆ

micrófono

ሚክሮፎን

zoológico

መካነ እንስሳታት

entrada
መእተዊ
tigre
ነብሪ
jaula
ጎብያ
cebra
ኣድጊ በረኻ
comida para animales
መግቢ እንስሳ
panda
ፓንዳ

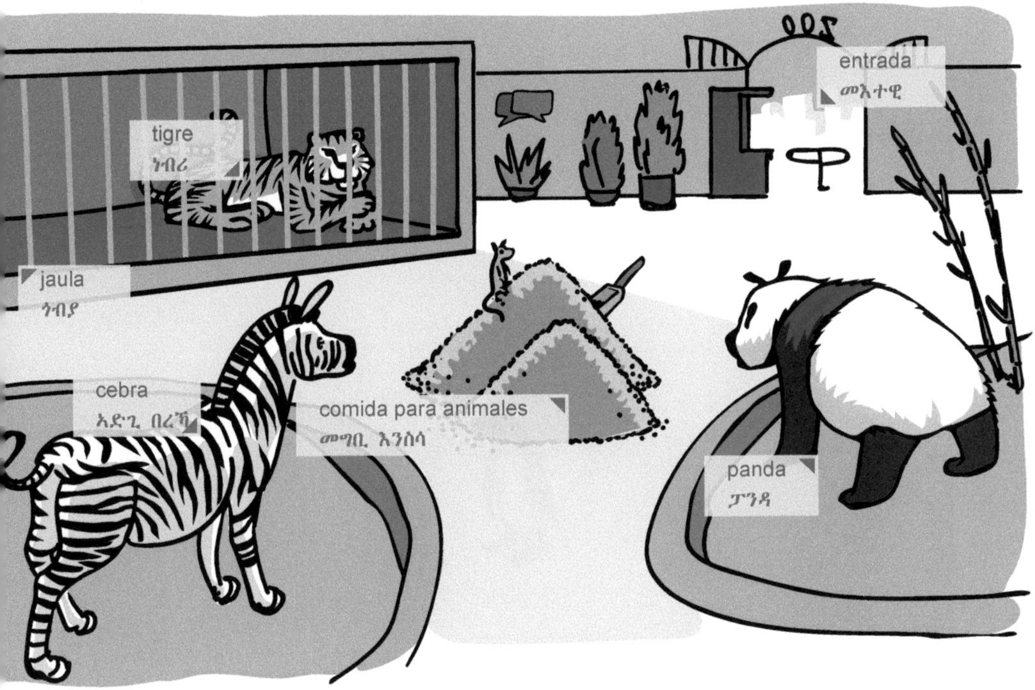

animales

እንስሳታት

elefante

ሓርማዝ

canguro

ካንጋሩ

rinoceronte

ሓሪሽ

gorila

ጉሪላ

oso

ድቢ

camello
ገመል

avestruz
ሰገን

león
ኣንበሳ

mono
ህበይ

flamengo
ፍላሚንጎ

papagayo
ሕንጻይ

oso polar
ድቢ በረድ

pingüino
ፒንጉን

tiburón
ከልቢ ዓሳ

pavo real
ጣውስ

serpiente
ተመን

cocodrilo
ሓርገጽ

cuidador del zoológico
ሓላዊ ቤት ገርድሽ

foca
ዓሳ ዚምገብ እንስሳ ባሕሪ

jaguar
ጃጓር

pony

ሓጺር ፈረስ

leopardo

ነብሪ

hipopótamo

ጉማረ

jirafa

ጂራፍ

águila

ሊላ

jabalí

መፍለስ

pescado

ዓሳ

tortuga

ጎብየ

morsa

ዋልሩስ

zorro

ወኻርያ

gacela

ሰስሓ

fútbol americano
ናይ አሜሪካ ኩዕሶ እግሪ

ciclismo
ምዝዋር ብሽግለታ

tenis
ተኒስ

baloncesto
ባስክትባል

natación
ምሕምባስ

boxeo
ቦክሲንግ

hockey sobre hielo
ሆኪ በረድ

fútbol
ኩዕሶ እግሪ

badminton
ባድሚንቶን

atletismo
እስፖርታዊ ንጥፈታት

balonmano
ኩዕሶ ኢድ

esquí
ስኪ

polo
ፖሎ

saltar
ነጠረ
abrazar
ሓቖፈ
reír
ሰሓቐ
caminar
ከደ
cantar
ደረፈ
soñar
ሓለመ
rezar
ጸለየ
besar
ሰዓመ

escribir
ጸሓፈ

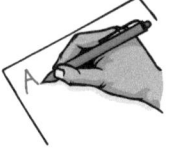

dibujar
ሰኣለ

mostrar
ኣርኣየ

presionar
ደፍአ

dar
ሃበ

tomar
ወሰደ

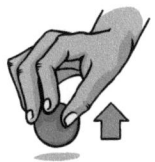

tener

አለወ

hacer

ገበረ

ser

ኮነ

estar de pie

ጠጠው በለ

correr

ጎየየ

tirar

ሰሓበ

arrojar

ሰንደወ

caer

ወደቐ

estar acostado

ሓሰወ

esperar

ተጸበየ

llevar

ሰከም

estar sentado

ኮፍ በለ

vestirse

ተኸድነ

dormir

ደቀሰ

despertar

ተስአ

mirar

ረኣየ

llorar

በኸየ

acariciar

ብኣጻብዑ ደረዘ

peinarse

መሸጠ

conversar

ተዛረበ

entender

ተረድአ

preguntar

ሓተተ

oír

ሰምዐ

beber

ሰተየ

comer

በልዐ

asear

ኣቐመጠ

amar

ኣፍቀረ

cocinar

ከሸነ

conducir

ዘወረ

volar

ነፈረ

navegar

ብመርከብ ገየሸ

calcular

ደመረ

leer

ኣንበበ

aprender

ተመሃረ

trabajar

ሰርሐ

casarse

መርዓወ

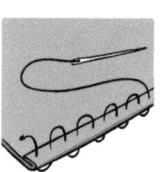

coser

ሰፈየ

limpiarse los dientes

ጽሬት ኣስናን

matar

ቀተለ

fumar

ሽጋራ ተከኽ

enviar

ሰደደ

familia
ስድራቤት

abuela
ዓባየ
abuelo
padre
madre
bebé
ማማይ
hija
ጓል
hijo
ወዲ

invitado
....
ጋሻ

tía
....
ሓትኖ

tío
....
ኣኮ

hermano
....
ሓው

hermana
....
ሓፍቲ

cuerpo

ኣካላት

frente
ግንባር
ojo
ዓይኒ
cara
ገጽ
barbilla
መንከስ
pecho
hombro
መንኩብ
dedo
mano
ኢድ
pierna
ሽፋን እግሪ
brazo
ምናት

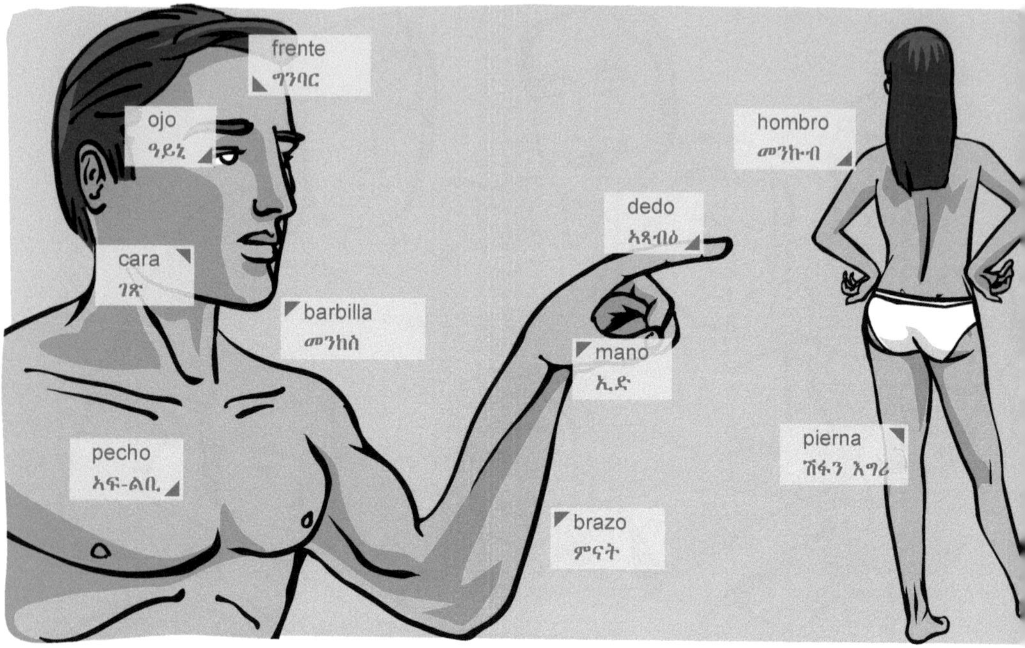

bebé

ማማይ

hombre

ሰብኣይ

mujer

ሰበይቲ

muchacha

ጓል

joven

ወዲ

cabeza

ርእሲ

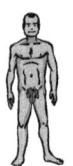

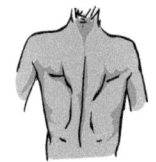

espalda

ሕቖ

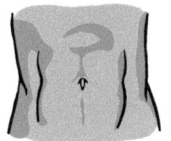

vientre

ከስዐ

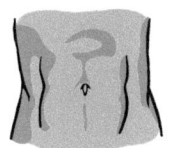

ombligo

ሕምብርቲ

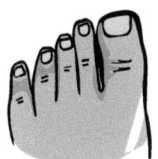

dedo del pie

ኣጻብዕ እግሪ

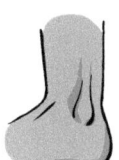

talón

ኩርኹረ

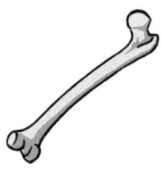

hueso

ዓጽሚ

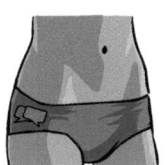

cadera

ምሕኩልቲ

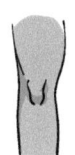

rodilla

ብርኪ

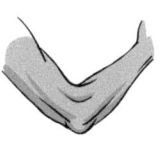

codo

ፎግፎጎ

nariz

ኣፍንጫ

trasero

መዓኮር

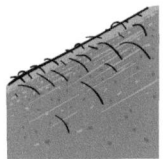

piel

ቆርበት

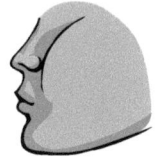

mejilla

ምዕጉርቲ

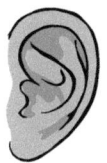

oreja

እዝኒ

labio

ከንፈር

boca

አፍ

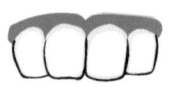

diente

ስኒ

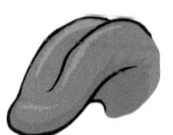

lengua

መልሓስ

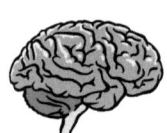

cerebro

ሓንጎል

corazón

ልቢ

músculo

ጭዋዳ

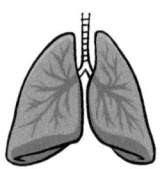

pulmón

ሳንቡእ

hígado

ጸላም ከብዲ

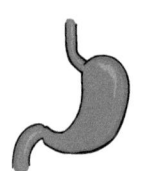

estómago

ከብዲ

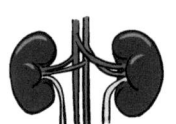

riñones

ኵሊት

relación sexual

ግብረ ስጋ

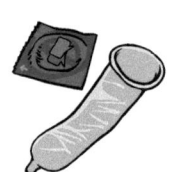

condón

ኮንዶም

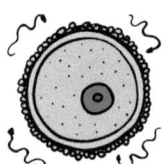

Óvulo

እንቋቑሖ

esperma

ዘርኢ ተባዕታይ

embarazo

ጥንሲ

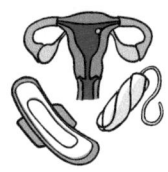

menstruación

ጽግያት

vagina

ርሕሚ

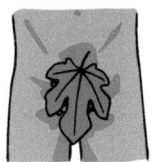

pene

መትሎ

ceja

ሽፋሽፍቲ

cabello

ጸጉሪ

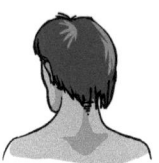

cuello

ክሳድ

hospital
ሆስፒታል

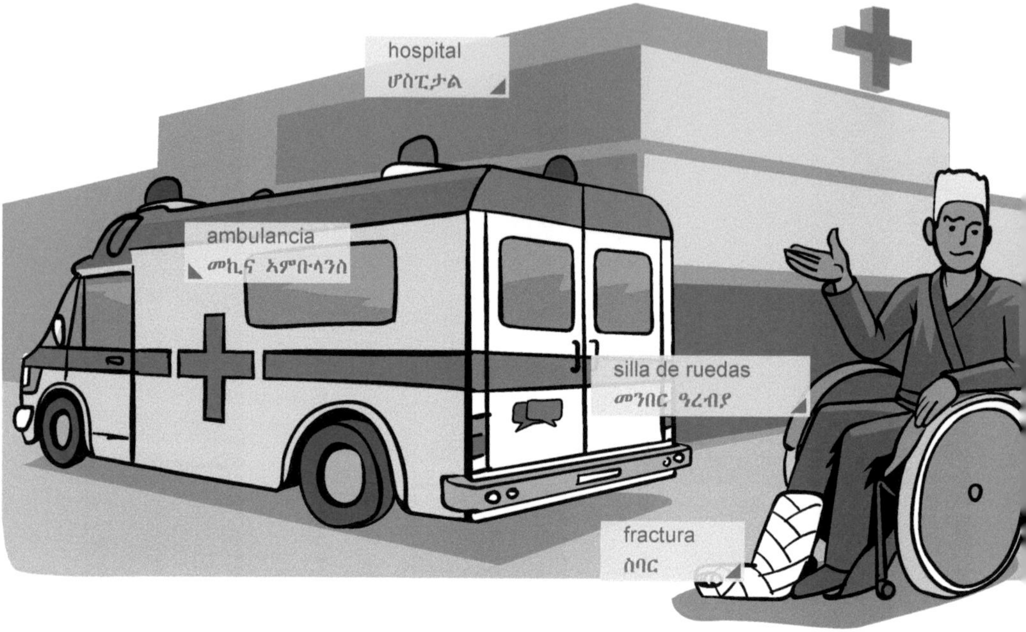

ambulancia
መኪና ኣምቡላንስ
silla de ruedas
መንበር ዓረብያ
fractura
ስባር

médico

ሓኪም

admisión de urgencia

ክፍሊ ህጹጽ ረድኤት

enfermera

ኣላይት

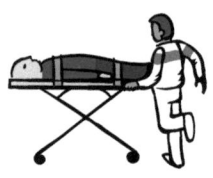

emergencia

ህጹጽ ኩነት

inconsciente

ውነኡ ዘጥፍአ

dolor

ቃንዛ

lesión

ጉድኣት

hemorragia

ደም

infarto de miocardio

ማህረምቲ

apoplejía cerebral

ማህረምቲ

alergia

ኣለርጂ

tos

ሰዓል

fiebre

ረስኒ

gripe

ኡንፍልወንዛ

diarrea

ውጽኣት

dolor de cabeza

ቃንዛ ርእሲ

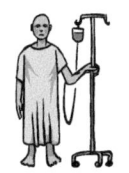

cáncer

መንሽሮ

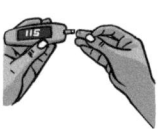

diabetes

ሹኮርያ

cirujano

ሓኪም መጥባሕቲ

escalpelo

መጥብሒ

operación

መጥባሕቲ

TC

CT

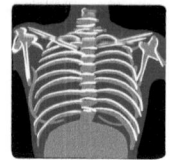

rayos X

ራጂ

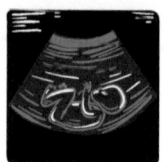

ultrasonido

ልዕለ ድምጻዊ

máscara

መሸፈኒ ገጽ

enfermedad

ሕማም

sala de espera

ክፍሊ ምጽባይ

muleta

ምርኩስ

emplasto

መጀነኒ ቑስሊ

vendaje

መጀነኒ

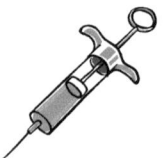

inyección

መርፍዕ ምውጋእ

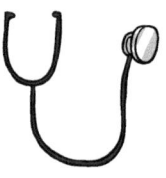

estetoscopio

ስተቶስኮፕ

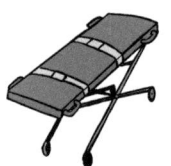

camilla

መሰከሚ ሕማም

termómetro

ቴርሞመተር

nacimiento

ትውልዲ

sobrepeso

ልዕለ-ሚዛን

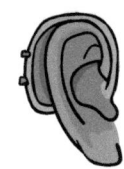

audífono

ሓገዝ ምስማዕ

desinfectante

ኣንጻሂ

infección

ልበዳ

virus

ቫይረስ

VIH / SIDA

ኤድስ

medicina

ሕክምና

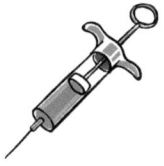

vacunación

ክታበ

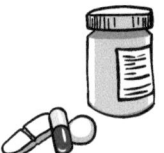

comprimido

ከኒና

píldora anticonceptiva

ከኒና

amada de emergencia

ህጹጽ ምድዋል

medidor de presión arterial

መዕቀኒ ጸቕጢ ደም

enfermo / saludable

ሕሙም / ጥዑይ

emergencia

ህጹጽ ኩነት

¡Ayuda!

ሓገዝ

alarma

ኣላርም

asalto

ምህጃም

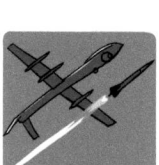

ataque

መጥቃዕቲ

peligro

ድንገት

salida de emergencia

ህጹጽ መውጽኢ

¡Fuego!

ሓዊ!

extintor

መጥፍኢ ሓዊ

accidente

ሓደጋ

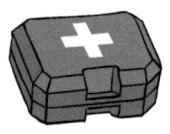

kit de primeros auxilios

ሳንጣ ቀዳማይ ረድኤት

SOS

SOS

Policía

ፖሊስ

Europa

ኤውሮጳ

América del Norte

ሰሜን ኣመሪካ

América del Sur

ደቡብ ኣመሪካ

África

ኣፍሪቃ

Asia

ኤስያ

Australia

ኣውስትራልያ

Atlántico

ኣትላንቲክ

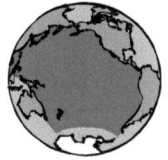

Pacífico

ፓሲፊክ

Océano Índico

ህንዳዊ ዉቕያኖስ

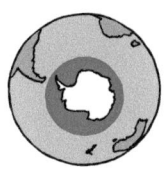

Océano Antártico

ኣንታርቲካዊ ዉቕያኖስ

Océano Ártico

ኣርክቲካዊ ዉቕያኖስ

Polo Norte

ሰሜናዊ ዋልታ

Polo Sur

....

ደቡባዊ ዋልታ

Antártida

....

ኣንታርቲካ

Tierra

....

ምድሪ

país

....

መሬት

mar

....

ባሕሪ

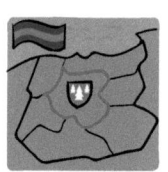

isla

....

ደሴት

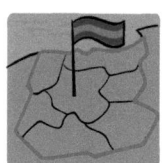

nación

....

ሃገር

Estado

....

ዓዲ

cuadrante

ገጽ ሰዓት

horario

ኣመልካቲ ሰዓታት

minutero

ኣመልካቲ ደቓይቕ

segundero

ኣመልካቲ ካልኢት

¿Qué hora es?

ሰዓት ክንደይ ኣሎ?

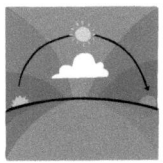

día

መዓልቲ

tiempo

ግዜ

ahora

ሕጂ

reloj digital

ዲጂታል ሰዓት

minuto

ደቒቕ

hora

ሰዓት

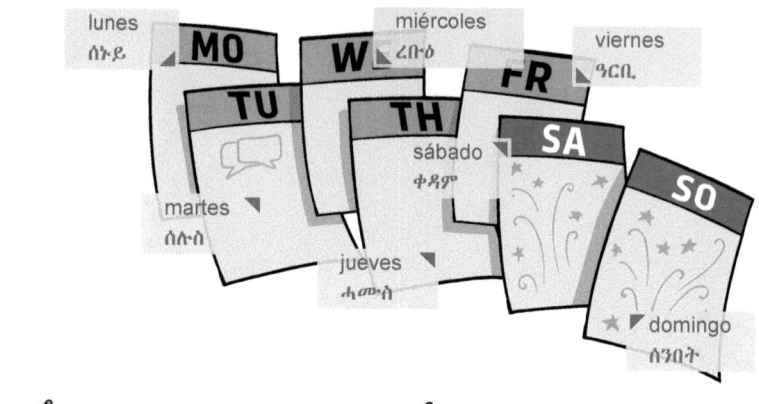

lunes
ሰኑይ

miércoles
ረቡዕ

viernes
ዓርቢ

martes
ሰሉስ

sábado
ቀዳም

jueves
ሓሙስ

domingo
ሰንበት

ayer
ትማሊ

hoy
ሎሚ

mañana
ጽባሕ

mañana
ንጎሆ

mediodía
ቀትሪ

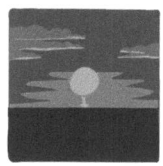

tarde
ምሸት

MO	TU	WE	TH	FR	SA	SU
1	2	3	4	5	6	7
8	9	10	11	12	13	14
15	16	17	18	19	20	21
22	23	24	25	26	27	28
29	30	31	1	2	3	4

jornada de trabajo
መዓልታት ስራሕ

MO	TU	WE	TH	FR	SA	SU
1	2	3	4	5	6	7
8	9	10	11	12	13	14
15	16	17	18	19	20	21
22	23	24	25	26	27	28
29	30	31	1	2	3	4

fin de semana
መወዳእታ ሰሙን

año

ዓመት

lluvia
ዝናብ
arco iris
ቀስተ-ደመና
nieve
በረድ
viento
ንፋስ
primavera
ጽድያ
otoño
ቀውዒ
verano
ሓጋይ
invierno
ክረምቲ

4.APRIL 11°
5.APRIL 4°
6.APRIL 13°
7.APRIL 8°
8.APRIL 10°

nóstico meteorológico

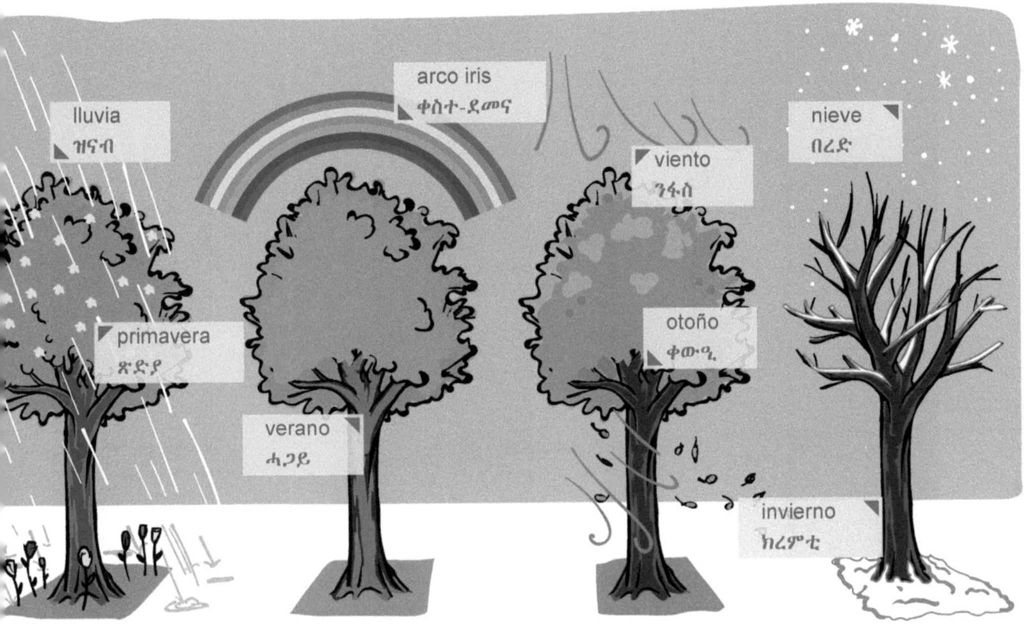

ትንቢት ኩነታት ኣየር

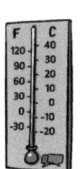

termómetro

ቴርሞመተር

luz solar

ብርሃን ጸሓይ

nube

ደበና

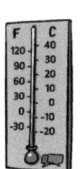

niebla

ግመ

humedad ambiente

ጠሊ

relámpago

ብርቂ

trueno

ነጐዳ

tormenta

ህቦብላ

granizo

በረድ

monzón

ብርቱዕ ህቦብላ

inundación

ውሕጅ

hielo

በረድ

enero

ጥሪ

febrero

ለካቲት

marzo

መጋቢት

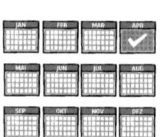

abril

ሚያዝያ

mayo

ጉንበት

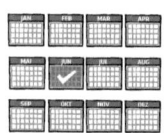

junio

ሰነ

julio

ሓምለ

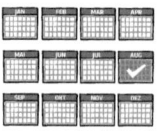

agosto

ነሓሰ

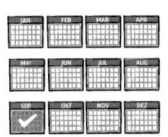

septiembre

መስከረም

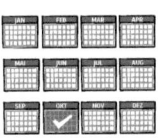

octubre

ጥቅምቲ

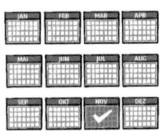

noviembre

ሕዳር

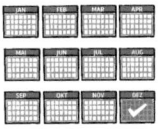

diciembre

ታሕሳስ

formas

ቅርጽታት

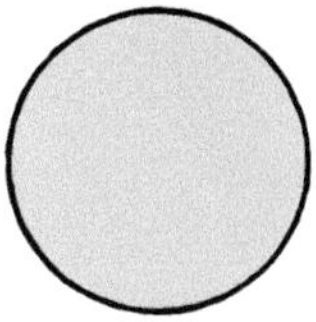

círculo

ዙርያ

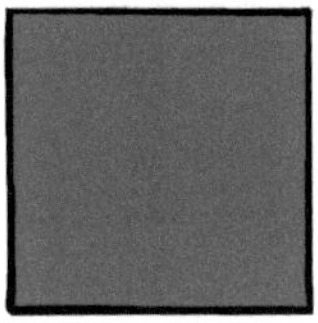

cuadrado

ትርብዒት

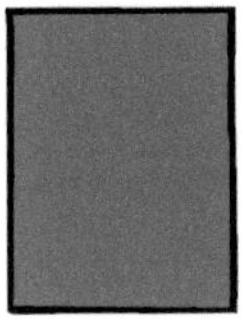

rectángulo

ቅኑዕ ርቡዕ ዅርናዕ

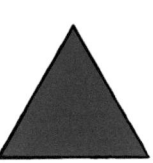

triángulo

ስሉስ ኩርናዕ

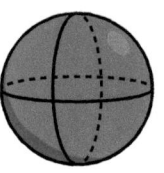

esfera

ክቢ

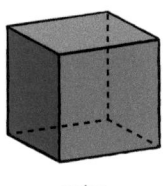

cubo

ኩቦ

colores

ሕብርታት

blanco

ጻዕዳ

amarillo

ብጫ

anaranjado

ኣራንሺ

rosa

ፒንክ

rojo

ቀይሕ

lila

ጁኽ

azul

ሰማያዊ

verde

ቀጠልያ

marrón

ቡናዊ

gris

ሓሙኽሽታይ

negro

ጸሊም

mucho / poco

ብዙሕ / ውሑድ

enojado / calmado

ሕሩቕ / ሰላማዊ

bonito / feo

ጽቡቕ / ክፉእ

comienzo / fin

መጀመርያ / መወዳእታ

grande / pequeño

ዓቢ. / ንእሽቶ

claro / oscuro

ብሩህ / ጸልማት

hermano / hermana

ሓው / ሓፍት

limpio / sucio

ጽሩይ / ርሳሕ

completo / incompleto

ምሉእ / ዘይምሉእ

día / noche

መዓልቲ / ለይቲ

muerto / vivo

ሙዉት / ህልው

ancho / angosto

ሰፊሕ / ጸቢብ

disfrutable / no disfrutable

ደስ ዘበል / ደስ ዘይብል

malo / amigable

እኩይ / ህያዋይ

excitado / aburrido

ርቡጽ / ስልኩይ

gordo / delgado

ረጒድ / ቀጢን

primero / último

ቀዳማይ / ናይ መወዳእታ

amigo / enemigo

ዓርኪ / ጸላኢ

lleno / vacío

ምሉእ / ባዶ

duro / suave

ተሪር / ልስሉስ

pesado / liviano

ከቢድ / ፈኲስ

hambre / sed

ጥምየት / ጽምየት

enfermo / saludable

ሕሙም / ጥዑይ

ilegal / legal

ዘይሕጋዊ / ሕጋዊ

inteligente / tonto

መስተውዓሊ / ስዲ

izquierda / derecha

ጸጋም / የማን

cercano / lejano

ቐረባ / ርሑቕ

nuevo / usado

ሓዲሽ / ብሉይ

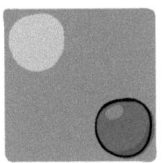

nada / algo

ዋላ ሓደ / ገለ

viejo / joven

ዓቢ/ኣረጊት / መንእሰይ

encendido / apagado

ወልዕ / ኣጥፍእ

abierto / cerrado

ክፉት / ዕጹው

bajo / fuerte

ህዱእ / ዓው

rico / pobre

ሃብታም / ድኻ

correcto / incorrecto

ቅኑዕ / ግጉይ

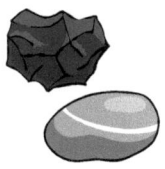

áspero / liso

ሓርፋፍ / ልሙጽ

triste / alegre

ጉሁይ / ሕጉስ

breve / extenso

ሓጺር / ነዊሕ

lento / veloz

ቀስ / ቅልጡፍ

mojado / seco

ጥሉል / ንቑጽ

caliente / frío

ምዉቕ / ዝሑል

guerra / paz

ውግእ / ሰላም

números

ቁጽርታት

0
cero
ዜሮ

1
uno
ሓደ

2
dos
ክልተ

3
tres
ሰለስተ

4
cuatro
ኣርባዕተ

5
cinco
ሓሙሽተ

6
seis
ሽዱሽተ

7
siete
ሸውዓተ

8
ocho
ሸሞንተ

9
nueve
ትሽዓተ

10
diez
ዓሰርተ

11
once
ዓሰርተ ሓደ

12

doce

ዓሰርተ ክልተ

13

trece

ዓሰርተ ሰለስተ

14

catorce

ዓሰርተ ኣርባዕተ

15

quince

ዓሰርተ ሓሙሽተ

16

dieciséis

ዓሰርተ ሽዱሽተ

17

diecisiete

ዓሰርተ ሸውዓተ

18

dieciocho

ዓሰርተ ሸሞንተ

19

diecinueve

ዓሰርተ ትሽዓተ

20

veinte

ዕስራ

100

cien

ሚእቲ

1.000

mil

ሽሕ

1.000.000

millón

ሚልዮን

idiomas

ቋንቋታት

inglés

እንግሊዝኛ

inglés estadounidense

ኣመሪካዊ እንግሊዛዊ

chino mandarín

ቻይናዊ ማንዳሪን

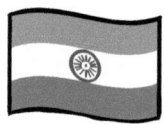

hindi

ሂንዳዊ

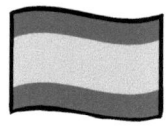

español

እስጳኛዊ

francés

ፈረንሳዊ

árabe

ዓረባዊ

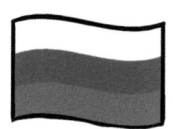

ruso

ሩሲያዊ

portugués

ፖርቱጋላዊ

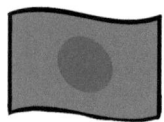

bengalí

በንጋሊ

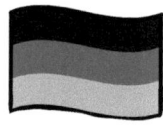

alemán

ጀርመናዊ

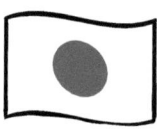

japonés

ጃፓናዊ

quién / qué / cómo
መን / እንታይ / ከመይ

yo

ኣነ

tú

ንስኻ/ኺ

él / ella

ንሱ / ንሳ / ንሱ

nosotros

ንሕና

vosotros

ንስኻ

ellos

ንሳቶም

¿quién?

መን?

¿qué?

እንታይ?

¿cómo?

ከመይ?

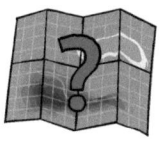

¿dónde?

ኣበይ?

¿cuándo?

መዓስ?

nombre

ሽም

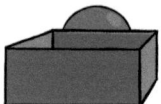

donde

ኣበይ

detrás

ድሕሪ

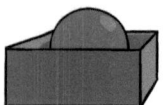

en

ኣብ

delante de

ኣብ ቅድሚ

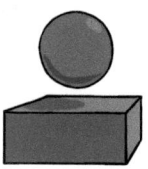

encima de

ኣብ ላዕሊ

sobre

ኣብ ልዕሊ

debajo de

ትሕቲ ምድሪ

junto a

ኣብ ጥቓ

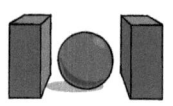

entre

ኣብ መንጎ

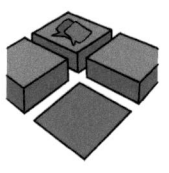

lugar

ቦታ